JAN 2 9 2004

¡GATOS SALVAJES!

DEL MUNDO

LOS JAGUARES

Y LOS LEOPARDOS

Por Melissa Cole
Fotografías por Tom y Pat Leeson

BLACKBIRCH®
PRESS

THOMSON
™
GALE

San Diego • Detroit • New York • San Francisco • Cleveland • New Haven, Conn. • Waterville, Maine • London • Munich

LIBRARY OF CONGRESS CATALOGING-IN-PUBLICATION DATA

Cole, Melissa S.
  [Jaguars and Leopards. Spanish]
  Los jaguares y los leopardos / by Melissa Cole.
    p. cm. — (Gatos salvajes del Mundo!)
  Summary: Describes the physical characteristics, feeding and mating behavior, habitat of jaguars and leopards.
  ISBN 1-41030-005-6 (hardback : alk. paper)
  1. Jaguars—Juvenile literature. 2. Leopards—Juvenile literature. [1. Jaguar. 2. Leopard.]
I. Title. II. Series: Cole, Melissa S. Wild Cats of the World!

QL737.C23 C6424 2003
  599.75'7—dc21

Printed in China
10 9 8 7 6 5 4 3 2 1

Contenido

Introducción

Los leopardos se encuentran en Africa, el Medio Oriente y Asia.

De todos los gatos grandes, el leopardo es el que se encuentra en más regiones del mundo. Estos gatos monteses de piel moteada se hallan en África, el Medio Oriente y el sur de Asia. Los leopardos pueden vivir en selvas tropicales, pastizales abiertos, desiertos, montañas y aun en ciudades. Logran sobrevivir con tal que haya agua que beber, variedad de presas y lugares donde esconderse.

El jaguar es pariente cercano del leopardo. Los científicos creen que hace miles de años, estos felinos parecidos a los leopardos viajaron de Asia a las Américas. Los jaguares viven en gran parte de Sudamérica, Centroamérica y México. En un tiempo vivieron en Arizona, Nuevo México, el sur de California, y Texas. Se han encontrado fósiles de jaguar en sitios tan remotos al norte como la frontera entre EEUU y Canadá.

Actualmente, es raro encontrar estos grandes felinos más al norte que México. El hábitat favorito del jaguar es la selva tropical oscura y húmeda. Sin embargo, se han encontrado también jaguares viviendo en los desiertos de México, así como en altas montañas de Perú y Bolivia.

Se encuentran jaguares en Sudamérica, Centroamérica y México.

¿Jaguar o leopardo?

Los jaguares y los leopardos son tan parecidos que es difícil distinguirlos. Sin embargo, los jaguares son en general más grandes que los leopardos. Tienen cuerpo muscular robusto, cabeza ancha, piernas cortas y macizas, y grandes zarpas. Las manchas del jaguar forman anillos circulares con un punto en el centro. A estos patrones se les llama rosetas. Las

Los leopardos son los más pequeños de los gatos grandes.

manchas de los leopardos son más chicas y no tienen el punto central.

Los jaguares son los terceros felinos del mundo, en tamaño. Sólo los leones y los tigres son más grandes que ellos. El jaguar macho pesa entre 120 y 200 libras (de 54 a 91 kilos), mientras la hembra por lo común pesa entre 80 y 100 libras (de 36 a 45 kg.). Su cuerpo puede llegar a medir más de 7 pies (2 metros) de la nariz a la cola.

El leopardo es el miembro más pequeño de la familia de "grandes felinos": gatos que rugen y no ronronean. Los leopardos pueden pesar entre 65 y 180 libras (de 29 a 82 kg.). Su longitud varía entre 5 y 7 pies (de 1.5 a 2 m.). En general, los machos son dos veces más grandes que las hembras.

Tanto los jaguares como los leopardos tienen cachorros que parecen negros al nacer. En vez de la piel amarilla de los adultos, la de ellos es café negruzca, con manchas negras.

El pelaje de manchas doradas de los jaguares y leopardos adultos les ayuda a confundirse con su entorno. Cuando brilla el sol a través de pastizales u hojas, produce un patrón moteado de oscuridad y luz, semejante al que se ve en el pelaje de los grandes felinos. Esto ayuda a los gatos a ocultarse,

El leopardo juvenil tiene la piel negruzca.

tanto de depredadores como de su presa.

El leopardo y el jaguar tienen largos bigotes que les permiten sentir su camino mientras andan al acecho de la presa en la oscuridad. El blando acojinado de sus patas y la piel que tienen entre los dedos de los pies les ayudan a caminar con agilidad entre ramitas y hojas. Pueden recoger sus garras mortales dentro de bolsitas especiales de las patas, para conservarlas afiladas.

La cola, tanto del jaguar como del leopardo, es larga y gruesa, y esto les ayuda a conservar el equilibrio cuando se abalanzan sobre la presa. Estas prácticas colas son blancas por abajo, y eso ayuda a los cachorros pequeñitos a seguir a su madre a través de la espesura de la maleza.

Los jaguares tienen manchas más grandes que las de los leopardos.

Rasgos especiales

El leopardo, al igual que el jaguar, come principalmente carne. Tiene largos y puntiagudos caninos que le ayudan a aferrar y dar muerte a su presa. Los dientes posteriores rebanan el alimento en pedacitos del tamaño de bocados. Su áspera lengua, cubierta de minúsculos ganchitos llamados papilas, es perfecta para apoderarse hasta de los últimos fragmentos de la carne adherida al hueso. Estas útiles lenguas limpian también la piel y la cara después de una comida.

Al igual que otros gatos, leopardos y jaguares tienen una vista excelente. Las pupilas pueden hacerse muy pequeñas para impedir la penetración del sol brillante, o agrandarse para dejar entrar más luz en las cacerías nocturnas. También tienen un oído sumamente sensible. Esto les ayuda a escuchar la presa sin que ella los note.

Los dientes caninos, largos y puntiagudos, son perfectos para aferrar y matar la presa.

Escuchando los movimientos de su presa, un leopardo o un jaguar puede localizarla con precisión y arrastrarse silenciosamente hasta ella. El sentido del olfato no es tan importante como la vista y el oído, cuando se trata de cazar. Leopardos y jaguares usan el sentido del olfato sobre todo para saber si otros animales han entrado a su territorio.

El leopardo tiene vista excelente en la luz y en la oscuridad.

Vida social

Jaguares y leopardos pasan la mayor parte del tiempo solos. Machos y hembras pasan tiempo juntos, sólo cuando se aparean. Tanto leopardos como jaguares delimitan territorios, que son extensiones donde regularmente

Un leopardo gruñe en señal de advertencia.

buscan alimento, agua y lugares de descanso. El tamaño de su territorio depende de la cantidad de presa.

El jaguar hembra cría sus cachorros dentro de un territorio que por lo común es entre 10 y 15 millas cuadradas (de 16 a 24 km^2); en cambio, el tamaño del territorio del macho es el doble. Los jaguares a menudo tienen territorios menores durante temporadas lluviosas del año, cuando se inunda la tierra.

Los territorios de las hembras a menudo se traslapan. En cambio, los machos procuran evitar a otros machos, y sus territorios no se entrecruzan. Leopardos y jaguares rara vez pelean con individuos de su propia especie. Se mantienen lejos unos de otros y encuentran pareja comunicándose a distancia.

Estos felinos grandes usan lenguaje corporal para mostrar su estado de humor. Por ejemplo, si están en peligro, aplanan las orejas sobre la cabeza, y su cola se agita hacia delante y hacia atrás. A menudo aplanan todo el cuerpo contra el suelo o retroceden con lentitud. Cuando machos y hembras actúan con curiosidad o en forma amistosa, levantan la cola y las orejas. A veces se frotan el cuello unos con otros y se lamen recíprocamente.

Leopardos y jaguares se comunican también vocalizando. La gente describe los ruidos que emiten como algo que suena más como tos o ronquido, que como rugido. Los gatos grandes marcan su territorio arañando árboles con sus afiladas garras. Los gatos tienen muchas glándulas odoríferas alrededor del hocico, las mejillas y la barbilla, entre los dedos de los pies y en la base de la cola. Cuando leopardos y jaguares arañan los árboles, dejan un olor además de sus marcas. Dejan también excremento y rocían orina sobre rocas, arbustos y manojos de pasto que rodean su territorio. Otros animales que olfatean las marcas odoríferas saben que están violando la propiedad y que su intrusión puede ser peligrosa.

Los leopardos se comunican a veces frotándose el cuello uno con otro.

Expertos cazadores

Aunque jaguares y leopardos tienen muchas formas de conducta semejantes, sus métodos de caza son bastante diferentes. Los leopardos cazan a veces de día, aunque de preferencia son nocturnos y, como tales, cazan de noche. Mientras cazan, se escurren con el abdomen cerca del suelo. Cuando se acercan a la presa, se lanzan, ¡saltando a veces hasta 20 pies (6.1 m.) de un solo impulso! Un leopardo puede también dejarse caer de una rama sobre la presa que va pasando abajo. El leopardo estrangula a su presa, agarrándola por la garganta. A veces le corta la médula espinal de una mordida en la nuca. Si el animal es demasiado grande para comérselo de una sola vez, el leopardo volverá día tras día, hasta que no quede nada de la presa. Los leopardos son bastante fuertes para llevarse consigo una presa de tamaño doble del suyo, a lo alto de un árbol, lejos del alcance de leones y canes salvajes.

Un leopardo lleva consigo una mangosta hasta un sitio seguro, antes de alimentarse de ella.

Los leopardos no son melindrosos para comer. Prefieren comer animales grandes, como impalas, gacelas y ñus. Sin embargo, también cazan ranas, lagartijas, pájaros, monos, ratas, cerdos y mandriles. Enriquecen su dieta con pasto, huevos, fruta y carne que roban a leones y hienas. ¡A veces se tienden incluso sobre la ribera de ríos y lagos y sacan peces del agua con sus zarpas!

Los jaguares viven en un hábitat diferente y, por eso, cazan animales diferentes de los preferidos por los leopardos. Sin embargo, lo mismo que los leopardos, los jaguares también se arrastran por el suelo y emboscan a su presa en la noche. Los animales que los jaguares cazan cambian a lo largo del año. De algunos alimentos como huevos de tortuga o de iguana disponen solo durante cierta temporada. Los jaguares comen tortugas marinas durante la estación de anidación, cuando las tortugas llegan a las playas a poner sus huevos.

Los jaguares cazan también animales grandes, como tapires (animales semejantes a cerdos) a los que entierran para comérselos después. A diferencia de la mayoría de los felinos, no parece disgustarles la idea de comer carne podrida.

Los jaguares matan también pavos, armadillos y carpinchos, que son los roedores más grandes del mundo. También se suben a los árboles en busca de pájaros, perezosos y monos. Saltan directamente sobre volúmenes de agua, en busca de peces, nutrias, culebras de río, y caimanes.

Los jaguares tienen las mandíbulas más poderosas de todos los felinos. Son los únicos gatos que matan mordiendo a través del cráneo de la víctima. También derriban a la presa con un manotazo de sus grandes zarpas, capaz de romper el cuello de un animal. Una vez que han dado muerte a la presa, a menudo arrastran el cadáver a largas distancias, hasta un sitio tranquilo para comérselo. A veces arrastran su comida incluso a lo alto de un árbol.

Leopardos and jaguares se suben a menudo a los árboles para comer o para esconderse.

Apareamiento

El macho y la hembra del leopardo se juntan solo para procrearse.

La mayor parte del año, leopardos y jaguares viven solos. Machos y hembras se juntan sólo para procrearse, luego se separan de nuevo a los pocos días. El apareamiento del leopardo puede ocurrir en cualquier época del año, y los cachorros pueden nacer en cualquier estación. Los jaguares suelen aparearse entre marzo y septiembre. Por eso, sus cachorros nacen entre junio y diciembre, cuando no hay demasiada lluvia en la selva.

Las hembras atraen a los machos vocalizando y rociando orina en arbustos, rocas y árboles. A los machos los atraen las sustancias químicas de la marca odorífera de la hembra. Saben que está lista para aparearse. Tanto jaguares como leopardos son reservados y evitan a la gente. Por eso, los científicos no saben mucho sobre su conducta de apareamiento. Las hembras acostumbran criar sus cachorros por sí solas, sin ayuda del padre.

Cría de cachorros

Los jaguares y los leopardos crían a sus cachorros de manera semejante. Su embarazo dura entre tres y cuatro meses. Durante este tiempo siguen cazando. Buscan un sitio escondido o guarida, donde pueden dar a luz con seguridad a sus camadas. Esta guarida en general es un refugio escondido de bajos arbustos, o una cueva en las rocas.

Los jaguares dan a luz a entre uno y cuatro cachorrillos por camada. Los leopardos acostumbran dar a luz a dos o a tres cachorrillos de una vez, aunque pueden llegar a tener hasta seis en una sola camada.

Cachorro de leopardo africano, de unos tres meses de edad

Los cachorrillos pesan entre 2 y 3 libras (de 1 a 1.4 kg)al nacer, y son completamente indefensos. Tienen los ojos cerrados, con párpados sellados, y no pueden oír, ni siquiera arrastrarse. La madre permanece con ellos dos o tres días, sin salir a cazar. Los lame con su áspera lengua para promover la circulación de la sangre. Los amamanta casi sin cesar. Para seguir produciendo leche, la madre, tanto jaguar como leopardo, necesita alimentarse a sí misma. Por eso, después de unos días, sale a cazar durante breves períodos de tiempo.

Este período es peligroso para los pequeños. A menudo andan cerca depredadores hambrientos. Las madres cuidadosas pueden trasladar sus cachorrillos de una guarida a otra, para engañar a los depredadores. Después de 10 días, los cachorrillos acostumbran abrir por primera vez los ojos, de color azul. Pronto adquieren un color dorado o ambarino como los ojos de sus padres. A las tres semanas, los jóvenes cachorros pueden caminar sobre piernas estables. Todavía permanecen silenciosos en su guarida, en especial si su madre ha salido a cazar. A los dos o tres meses de edad, los cachorros empiezan a seguir a su madre en expediciones de cacería. Los cachorrillos a menudo practican la caza, acechándose unos a otros.

Ruedan y dan tumbos, abalanzándose uno sobre

Leopardo Amur, de Asia.

La mayoría de los cachorros están bajo la protección de su madre hasta que llegan a la edad en que pueden cazar por sí mismos.

otro, ¡y a veces mordisqueándose con afilados dientitos! Estos juegos les ayudan a crecer fuertes y a adquirir la coordinación que van a necesitar para cazar.

Después, los cachorros empiezan a cazar pequeños animales. Aunque todavía se nutren con la sustanciosa leche de su madre, comen también carne. A veces la madre les lleva un pequeño animal, como un venadito o antílope bebé, que atrapó, pero sin matarlo. Luego, ella hace que los cachorrillos practiquen acechar a la presa, abalanzarse sobre ella y darle muerte. Pueden pasar casi dos años para que los jóvenes felinos estén listos para ir a cazar por cuenta propia.

A los dos años de edad, la hembra del jaguar y del leopardo tiene ya madurez sexual. Los cachorros machos emprenden el trazo de sus territorios propios, mientras las hembras a menudo se apoderan de una parte del área de su madre. Pronto los cachorrillos hembras tendrán sus propios cachorros.

Los jaguares viven entre 11 y 18 años en vida libre. Pueden vivir más de 25 años en cautiverio. Los leopardos viven cerca de 12 años. Pueden vivir hasta 23 años en jardines zoológicos.

El jaguar, el leopardo y el hombre

Los leopardos pueden adaptarse casi a cualquier ambiente. Desafortunadamente la gente está haciendo uso de territorios de los leopardos, como bosques y pastizales, para construir granjas, caminos, poblados y campos de golf. Los leopardos a veces se ven obligados a vivir cerca de seres humanos, donde acaban por apoderarse de cabezas de ganado, porque no encuentran su presa natural.

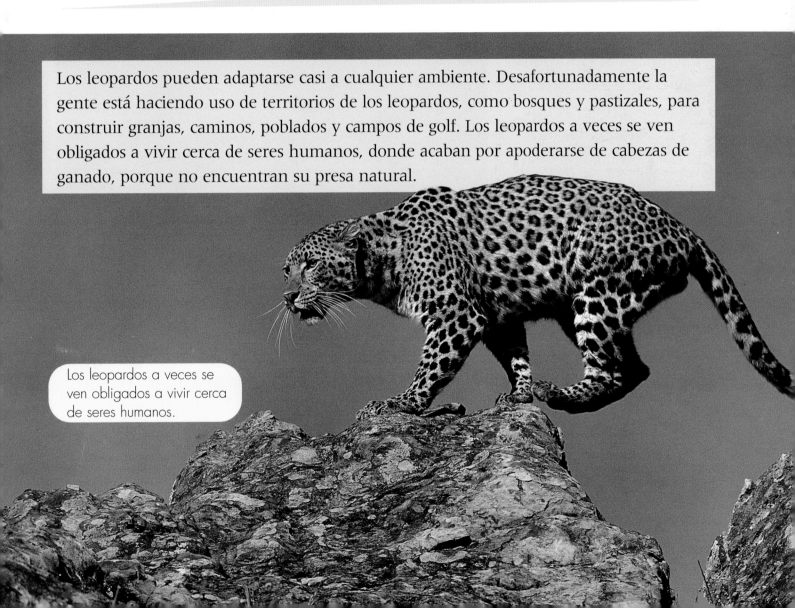

Los leopardos a veces se ven obligados a vivir cerca de seres humanos.

Hay países que han separado tierras para parques de vida silvestre. En cambio otros consideran los leopardos una plaga. En estos lugares, la gente abre fuego contra los leopardos y los envenena, para librarse de ellos. Hay también cazadores que matan a estos animales ilegalmente

Muchos jaguares son víctimas de cacería ilegal.

para apoderarse de su hermosa piel, sus afiladas garras y sus dientes. Algunos tipos de leopardo —como el de Anatolia, que vive en Turquía, Siria y Líbano— están casi extintos. Jardines zoológicos están tratando de criar estos leopardos en cautiverio.

Los jaguares rara vez atacan a seres humanos, y en la mayoría de los países con colonias de ellos, los protegen. Sin embargo, miles de estos gatos grandes son víctimas de cacería ilegal; los cazan por su piel, sus garras, dientes y otras partes del cuerpo. Hoy, la mayor amenaza para los jaguares no es la cacería, sino la pérdida de sus terrenos. Al aumentar la población humana, se hace necesario despejar más tierra para vivir. Esto destruye la selva virgen y obliga a los jaguares a vivir en zonas reducidas de tierra. A los jaguares les resulta difícil cazar y aparearse cuando están aislados en pequeños espacios boscosos.

Raro leopardo de la nieve.

Es raro ver leopardos y jaguares en su hábitat natural, porque temen a los humanos y porque su piel se confunde muy bien con el ambiente que los rodea. Los científicos están tratando de estudiar jaguares en zonas vírgenes, retratándolos con cámaras a distancia y poniéndoles collares de rastreo por radio alrededor del cuello. El país de Belize en Centroamérica tiene un gran parque llamado Cockscomb Basin Jaguar Preserve (Cuenca Cockscomb, reserva de jaguares). Ahí, los jaguares están protegidos, y los visitantes pueden tener una idea de estos grandes felinos.

Amantes de los animales dicen que otros países deberían seguir el ejemplo de Belize, apartando terrenos donde jaguares, leopardos y otros animales salvajes puedan vivir con libertad.

Glosario

emboscar Ocultarse para luego atacar

guarida El hogar de un animal salvaje

hábitat El sitio y las condiciones naturales en que vive una planta o un animal

camada Grupo de animales nacidos al mismo tiempo de una sola madre

nocturno Activo de noche

presa Animal al que caza otro animal para comérselo

acechar Ir de un lado a otro callada y sigilosamente

Para más información

Libros

Jordan, Bill. *Leopard: Habitats, Life Cycles, Food Chains* (Natural World). TX: Raintree Steck-Vaughn Publishers, 2002.

Malaspina, Ann. *The Jaguar* (Endangered Animals and Habitats). San Diego, CA: Lucent Books, 2000.

Middleton, Don. *Big Cats, Jaguars.* NY: The Rosen Publishing Group, 1999.

Watt, Melanie. *Jaguars.* TX: Raintree Steck-Vaughn Publishers, 1998.

Direcciones en la Red

The Cyber Zoomobile, Leopards and Jaguars—*http://www.primenet.com/~brendel/*

Defenders of Wildlife—*http://www.defenders.org/wildlife/new/bigcats/jag.html*

Índice